CANTO DEL PAESE

Ricordi amico l'aria antica vestita d'innocenza dei nostri primi anni? La scuola nel palazzo Comunale, le corse sulle strade bianche e sterrate, il profumo di castagne che si spandeva dappertutto e ci avvolgeva nei nostri magici autunni?

(1943, il giorno del mio battesimo.A sinistra la mia madrina Giulietta, a destra mia madre.)

Gli amici allora erano tutto il nostro mondo: Vanni, Ciachi, Pitor, Zampuga, Bertacia, Angela, Sandrina, Grazia, Vanna, Loredana, Anna, Enrichetta. Poi Stinchi, Gelindo, Alberto, Valerio, Pupo, Nanò, Chinot, Roberto, Luciano, Stinchino, Enrico, Rossella, Tosca, Valeria, Elena, Margherita, Romana, Anna Piccirulla...

(In prima classe elementare, anno 1949, fuori dal palazzo Comunale allora sede delle scuole)

Povera su questi monti era la vita per la nostra gente, come poveri i giochi di noi bambini e pur ricchi di passione, di stupore e di speranza. Ricordi le gare coi tappini nelle fossette sulla scalinata che sale verso la Chiesa o su piste scavate nella terra vicino al cimitero e nella piazzetta della vecchia "Pesa"? Erano lunghi pomeriggi felici dove risuonavano festose le nostre voci di vittoria.

E il gioco delle palline di grezza terra cotta tirate per colpire i "castelletti" o per bocciare quelle degli amici; palline grossolane ma per noi un tesoro, talvolta bilie di vetro favolose? Le partite di calcio giocate a perdifiato senza regole e schemi nel vecchio campo sportivo pieno di buche e sassi?

Vivevamo i primi e confusi amori facendo gare di corsa per conquistare la bambina più bella della classe e del paese. Scappavamo il pomeriggio nei castagneti di Salto, nei prati delle Vigne, al Castellaccio. Andavamo al fiume a pescare con le mani i pesci sotto i sassi o a cercare il ferro vecchio da vendere a Pitte e a Ciaranfi.

C'era tanta calura e libertà nei bagni al pozzo della Villa, nei tuffi dai massi della Presia.

C'era tanta voglia d'allegria, ci sentivamo "grandi" e liberi, volevamo correre per andare via...

(Veduta del paese, frazione di Quadalto)

Dalla curva della Fontana si sentiva arrivare la corriera che tornava da Firenze verso sera;lontano ci portava con i sogni, in città magiche e misteriose.

(Mio zio Renato Donatini, lo "storico" autista della Corriera)

Gli autisti Renato, Pinai, Dante, Giorgio ci sembravano persone speciali, portavano in paese notizie per noi strane ma che gli adulti commentavano per ore. Nei giorni di festa le campane suonavano, come suol dirsi, festose e a distesa; il loro canto si spandeva nell'aria ed echeggiava per la valle e lungo i monti, entrava nelle case e nei cortili, nei nostri cuori, come una preghiera.

Ricordi amico le grandi "battaglie" che si facevano fra noi di qua e loro di là del ponte, noi della Chiesa e loro del Comune, noi del Campanile e loro dell'Orologio? Le sassate e le stecche degli ombrelli lanciate come frecce dalle balestre fatte in casa con il legno ed il cuoio? Gli attacchi e le difese scalmanate, le rappresaglie e i "prigionieri" rinchiusi nei capanni dei Moncarelli e delle Vigne o fra le rovine e gli anfratti del Castellaccio? Le scorribande e le missioni segrete alla ricerca di trofei preziosi del "nemico" custoditi e difesi con tenacia e mezzi al limite dell'incoscienza?

(Scorcio della campagna fuori dal Paese)

A noi bastava poco per essere felici, l'ombra della guerra ci seguiva ancora con il suo orrore e la miseria. I nostri occhi erano soli splendenti quando a Natale, o meglio, alla Befana ci regalavano qualche dolce e delle caramelle, a volte dei giocattoli da poco in legno o in latta. Le trottole, i piccoli fucili, le frecce e gli archi per noi maschi erano i regali più ambiti da mostrare orgogliosi agli amici e con cui giocare ai soldati e agli indiani nella strada, nei prati, sui monti, lungo il fiume. Erano quelli delle "feste" giorni frenetici, di grandi attese e qualche delusione, di veglie in casa e cerimonie in chiesa.

Rivivo ancora il mio stupore quando nella calza sotto il camino trovai la splendida pistola a tamburo che per anni avevo sognato invano: la caricavo con i "fulminanti" solforosi, poi premendo il grilletto uscivano faville insieme a scoppi verso bersagli misteriosi.
Ma nella mente mi è rimasto sempre il topolino nero che trovai sotto il presepe: era a molla il topolino di latta e correva da solo nella grande cucina intorno al tavolo perché io battessi, correndo felice, le mani. Altri giocattoli li facevamo da noi: il "tirasassi" con la forcella e le gomme a elastico, la cerbottana con le canne di bambù….

Ricordi il vecchio asilo delle suore con noi che fingevamo di dormire, la testa appoggiata sui banchini e poi scappavamo di corsa nel cortile mentre Ida, che ci doveva sorvegliare, pisolava con la testa a ciondoloni? E suor Francesca la madre superiora, suor Colomba la più severa, suor Leonarda che ci insegnava a far le aste e a scrivere le prime parole, suor Annunziata burbera ma buona che nella cucina era sempre indaffarata? A volte siamo scappati saltando la finestra per andare a correre e a giocare nel paese, con la paura mista al piacere di essere scoperti.

E poi, più grandi, alla Parrocchia con Don Livi e il cappellano Onorio servivamo la Messa e le altre Funzioni, chierichetti un po' discoli ma compresi nel nostro ruolo che ci faceva sentire importanti. Era forse anche quello un gioco ma autorizzato e "prestigioso"? Le donne in ginocchio sulle panche salmodiavano in "latino", frapposte a pisolini, strane e incomprensibili cantilene. Mi incuriosivano i rari uomini in mezzo a tutte quelle donne, compunti nel rito che io non capivo nel suo significato e vivevo come uno strano gioco.

Il sabato mattina c'era "l'Uffizio per i morti" con tutti i preti della campagna. Don Guido di Salecchio che diceva la messa in fretta per andare poi a caccia, con gli stivali sotto la tonaca e il fucile lasciato in Sacrestia.
Don Morigi di Misileo che dopo le funzioni andava al mercato a vendere e a comprare mucche e pecore.
Il vecchio don Pesce di Visano che tremolante e tenero biascicava le preghiere in un misto di romagnolo e di latino.
Poi quelli di Badia, di Piedimonte, di Bibbiana di cui non ricordo i nomi ma solo le sembianze.

(Il giorno della prima comunione con il parroco Don. Angelo Livi)

Per noi il migliore era il Cappellano, che ci portava a far le scampagnate e ci seguiva nelle attività dell'Oratorio. Era un prete buono e capiva le nostre vite senza rigidità e imposizioni supponenti. Ricordi quando andò via dal paese e noi lo seguimmo tutti in bicicletta sulla strada per Marradi, mentre se ne andava sulla corriera o nella sua lambretta e noi eravamo avvolti in una grande tristezza? Non l'ho più rivisto, ma so che ha fatto il parroco in piccole parrocchie popolari e di campagna dove ha continuato a tener per mano gli umili e i sofferenti di ogni età, lontano dalla ribalta e senza far "carriera".

(Con i compagni di classe sul sagrato della chiesa)

Riaffiorano ricordi lontani e assai confusi: l'aeroplano che vedemmo sorvolare il Carzolano era quello che poi si schiantò sul colle di Superga con la mitica squadra del Toro di Mazzola, Sentimenti e Bacigalupo? E quella figura che vidi rannicchiata sotto il portone della casa del dottor Macchi la notte che nasceva mio fratello era il fantasma di Miche', impiccatosi il giorno prima nella pineta della Maestà?

Atmosfere e sensazioni più che veri ricordi mi restano di quel tempo così lontano.
La stagione della caccia con centinaia di colombacci presi vivi con le reti ai "paretai". I capanni con gli alberi spogli e le gabbie degli uccelli da richiamo. La pania e le doppiette, l'odore di zolfo dei bossoli di cartucce rimasti sui sentieri.
I primi giorni della caccia erano un tripudio di emozioni. I cacciatori verso mezzogiorno, con i carnieri più o meno pieni di fagiani di beccacce di starne di lepri di sisecce

di merli di cardellini..., arrivavano come in processione e mostravano il loro bottino alla gente del paese e a noi bambini; erano sfide non dirette fra i più bravi e i cacciatori "della domenica". Ricordo i miei zii e i miei cugini: Bruno, Renato, Otello, Giorgio, Rodolfo, Romano, Armando e mio nonno Amerigo, ormai vecchio, che faceva commenti e dava consigli.

L'Estate era per noi una stagione magica. Venivano dalle città gli amici villeggianti, amici per pochi mesi, con il loro mondo affascinante e misterioso. Da Firenze Gianfranco, Ferruccio e Francesco; Alberto da Torino e molti altri ancora di cui non ricordo il nome. Fugaci presenze, ma persistenti nella vita di noi ragazzi del paese.

Gli inverni erano duri e freddi, la neve cadeva forte e trincee bianche e grigie chiudevano ai lati le strade dei nostri giochi e del nostro vivere. Le serate accanto al camino erano riscaldate solo dalle storie che raccontavano gli anziani. Il freddo delle lenzuola intiepidite dal "trabiccolo" e dal "prete" con lo scaldino di braci, poi il silenzio e il buio con il vento che sbatteva le persiane.

Il nostro mondo di bambini era dentro quello degli adulti: i genitori, i nonni, i fratelli, i parenti, i vicini, i paesani. Ci conoscevamo tutti nel paese, le vite di ognuno si intrecciavano nella gioia, nel dolore e nei lutti; con simpatie, antipatie, vicinanze, lontananze, abitudini, liti, dicerie. C'erano rancori e solidarietà, diversità e uguaglianze; i più poveri e i più ricchi, i mercanti e gli operai, i padroni e i sottoposti, i "nobili" e i "popolani".

(1948, Io con i miei genitori e mia sorella Romana)

Oggi quelle vite e quei fatti li ricordiamo spesso come "personaggi", "macchiette", aneddoti e leggende. Allora erano vita ordinaria che scorreva nella quotidianità, nella mente e nel nostro cuore.

Ricordi Doganè e le sue battute, non so quanto vere o inventate? "Tirasse un terremoto da rompere il filo dentro i rocchetti"; "Te l'ho sempre detto che non hai occhio", rivolto alla moglie poche ore prima di morire, mentre lei gli diceva che lo "vedeva" bene.

E poi Laietto, imbianchino e "pittore", musicista, anarchico e mangiapreti? Famosi sono i suoi dieci P mandati per telegrafo a don Morigi della Pieve di Misileo che non lo pagava per una madonna dipinta nella sua Chiesa: "Pittore Pittura Per Poco, Porco Prete Pagami Presto, Palazzuolo, Pieve". E Ginori, Mengò, Pio, Chille, Faziani, Bolan, Franco Lulù, Dogana, Lugarè...?

Tanti altri, uomini e donne, potrei ricordare con simpatia o con dolore; persone che hanno "segnato" comunque la nostra infanzia e il nostro carattere, che rimangono ancora dentro noi.

Ricordi amico le sbornie colossali nel paese? C'erano allora cinque bar e due mescite-osterie: il bar di Gildo e Ida (e cafe' ed satt), il bar di Pilade (e cafe' de pont), il bar di Mino (e cafe' ed sora), la mescita (ed Bastian e d'la Bisola), la mescita (ed Saro ed là de pont). Poi la Casa del Popolo gestita dalla Bora e la Cooperativa condotta dal Moret. Le altre botteghe ed i negozi erano: il forno di Gigiò e quello di Marianna, i tabacchi ed Felic, il negozietto di frutta e verdure della Galarena, gli alimentari di Vigarè e poi ed Michel, quelli di Saro, il negozio di Bertè e la bottega di Nildo, le rivendite di "cenci" di Nello e quella di Pitte, il negozio di sementa ed Bagialè.

E poi ancora il ferramenta di Ghezzzi e il negozio di Cecilia lì di fronte, la bottega ACLI di Gigiè, quella di Ciabò, la Farmacia del Signor Umberto. Altri li ricordo vagamente o li confondo: forse a Quadalto c'era un negozietto e forse uno accanto al Palazzo dei Capitani. L'edicola a quel tempo non c'era ancora; nello spazio accanto al muretto del fiume ricordo che nei giorni di festa c'era Adriano e gli altri di Nvel che vendevano i lupini e a Pasqua si battevano le uova sode; un po' più in su a volte c'era zio Renato con il suo "tiro a segno" improvvisato, dove uomini e bambini facevano i "cacciatori".

Tante sono ancora le persone ed i mestieri che ricordo: il mulino di Pirino (Farinè), quelli di Molenzcatt e degli Strigelli; gli Alberghi e le Pensioni Biagi, Pacheo, Baietto, Ersilia e Marianna; la macellerie di Chicco e quella ed Tatanen ("e presot a l'ho ma l'è un po' nervos"), il mercante ambulante Ciaranfi e la sua mula, Peverè con i suoi affari e la sua mercanzia, Celestè che commerciava nella legna, Ghinò e Palì che con i muli la trasportavano.

C'erano allora tanti artigiani che facevano mestieri ormai scomparsi: mio nonno Amerigo con la falegnameria, mio zio Bruno con le macchine da mietere e battere il grano che giravano i poderi del territorio e portavano lavoro e festa nelle aie; i fabbri e maniscalchi Mondo con il figlio Cechon e il giovane aiutante "Valle", Dino al di là del ponte, i barbieri Renato e Lugarè, il calzolaio Bolan con l'aiutante "Moro", lo stagnino Dogana e l'aggiusta tutto

Minghè. E molti altri che non ricordo più o mi si confondono nella mente.

Per esempio cosa faceva e Frè della grande casa in piazza del Crocifisso, quella col cancello, tanto verde intorno ed il canale? Ricordo vagamente Donato Donatini, "poeta" e ingegnoso costruttore di macchine da lavoro e altri utensili.

Del resto a quel tempo tutti gli uomini e le donne che lavoravano fuori o dentro casa erano "ingegni sopraffini" nel trovare soluzioni ai tanti problemi della vita di ogni giorno.

C'erano poi i "Dottori", figure per noi un po' inquietanti e misteriose: il vecchio inossidabile Dott. Macchi, i giovani Mannucci e Ponticelli, poi il mitico Dott. Leonardo, senza contare il Veterinario che chiamavamo "e dotor di gat". Ricordo quando nel '48 mi ammalai forte. Macchi disse che era peritonite, il veterinario diagnosticò una pleurite, solo Ponticelli ci azzeccò e mi ricoverò. In quella occasione mi rivedo accanto mio cugino "Valle", chiamato dalla scuola e ancora col grembiule, che era convinto che ormai stessi per morire.

D'estate alcuni di noi venivano mandati alle "Colonie": Calambrone, Quercianella, sulla Riviera Romagnola.

Io sono sempre stato a Calambrone, spesso l'unico del paese; piccolo e timido vivevo quei soggiorni all'inizio con paura poi con curiosità e divertimento, insieme a bambini sconosciuti; le lunghe e buie camerate, gli edifici littori e l'alzabandiera; la spiaggia sabbiosa gremita di bambini e le signorine vigilanti; provavo nostalgia della mia famiglia e di notte piangevo silenzioso.

(Io a sei anni alla colonia marina di Calambrone)

(Io e un gruppo di bambini di Palazzuolo alla colonia marina di Calambrone, 1950)

Non erano quelli gli unici viaggi fuori dal paese e lontano dagli amici: spesso con mia madre andavo a Firenze dagli zii Ambrogio e Angiolina, lì trovavo i cugini Franco e Mauro e giocavo con loro nel parco della "Pestalozzi". Ricordo ancora con dolore il giorno "dell'operazione alle tonsille"; mia madre e mia zia mi attirarono con la promessa di comprarmi il libro illustrato di Pinocchio, che da sempre avevo sognato... nella "strana" libreria un dottore barbuto mi strappò le tonsille senza anestesia.

(Zio Ambrogio e zia Angiolina di Firenze)

C'erano nel paese i fattori, i sensali, i mediatori: tutti quelli, insomma, che per conto dei padroni facevano lavorare gli uomini, le donne ed anche i bambini.

Quelli che stavano in mezzo fra i "Signori" e i poveri (gli operai che lavoravano duro e guadagnavano poco come mio padre e gli altri taglialegna, i carbonai, i facchini, i mezzadri).

Quando non c'era lavoro si andava alla "Fanfani", dove d'inverno gli uomini spalavano la neve e nelle altre stagioni sistemavano le strade.

Le donne s'arrangiavano cogliendo di straforo i marroni, "spigolando" nei campi e cercando le patate rimaste dopo il raccolto.

Abitavano nel paese anche persone venute da fuori per lavoro e di passaggio. Il Daziere con le due figlie, di cui una era la nostra compagna di classe Tosca; il capo delle Guardie Forestali Turrini con la sua giovane e bella figlia Vanna; i carabinieri fra cui l'appuntato e sua figlia, la nostra amica Rossella; i funzionari del Sindacato C.G.I.L. Murru, Giovannini ed altri ancora; l'insegnante di musica e capo della Banda Musicale (Ventura mi sembra si chiamasse ed era di Casola) sotto la cui guida molti di noi bambini imparavano il solfeggio e a suonare i vari strumenti, sopratutto il clarino.

Alla quarta elementare ci trasferirono dal Palazzo Comunale alle "Scuole Nuove", un po' più lontane dal centro del paese. I nostri maestri furono Giulietta Montevecchi che ricordo con affetto per la sua materna premura e poi Francesco Costa, un po' "strano" ma bravo. Nelle altre classi c'erano i "mitici" maestri Carlo Galassi e Rita Ghezzi; poi il bidello Gabardena, sempre dappertutto. Io e i compagni di classe eravamo molto vivaci, spesso indisciplinati e ne combinavamo delle belle. Ricordo il tema di un bambino che sotto il titolo "Cadono le foglie" scrisse "lasciatele cadere". Io ero il più disordinato della classe;tenevo sempre la matita e la gomma da inchiostro in bocca per cui mi chiamavano il "Cannibale".

Nelle ore libere dalla scuola spesso seguivamo i nostri padri nei loro lavori in paese e in campagna.
Io andavo con mio padre a raccattare la legna nei boschi e sui monti lungo ripidi sentieri, facevo piccole fascine di legna minuta mentre mio padre si caricava sulle spalle enormi fasci di grossi rami. In quelle ore mi raccontava del suo lavoro di taglialegna, di carbonaio e di facchino,

sotto la pioggia, col caldo e con la neve, quando sorvegliava di notte la carbonaia guardando nel cielo le terse costellazioni. Erano per me momenti di rara intimità, di gioia e di stupore per l'aria che respiravo, la natura che mi avvolgeva, gli animali che incontravo, per il silenzio magico che ci avvolgeva.

(Catasta di legna nel bosco)

Il nostro mondo di bambini era racchiuso dentro il paese e poco conoscevamo della campagna, dei poderi e della vita dei contadini; forse guardavamo i compagni di classe che venivano da fuori con "supponenza". Ci erano noti pochi posti e poderi per le nostre scorribande o per le visite ai parenti che facevamo coi genitori: le Vigne, la Casetta dei Berti, i Moncarelli, Calcinaia, le Sassete, il Castellaccio, i Calamelli, Montalcino, i boschi di Salto, le Fossa e pochi altri. I contadini li vedevamo nei giorni di mercato e alle Fiere: poco sapevamo della loro vita, povera e difficile, trascorsa a lavorare nei campi e con le "bestie"da allevare.

(Lavoro in campagna)

Il Comune di Palazzuolo a quel tempo era ancora molto popolato, con tante parrocchie e poderi condotti a mezzadria da famiglie numerose. C'erano i mezzadri capo famiglia (e Capocia) con la moglie e tanti figli meglio se maschi, i padroni (i Siur) che abitavano in paese e, in genere, avevano decine di poderi (pochi i proprietari di uno o due); poi c'erano i Fattori e i Mediatori che tenevano i conti, decidevano su tutto l'andamento dell'azienda, davano "un colpo al cerchio ed uno alla botte", guadagnando sui primi e sui secondi.

I campi coltivati erano per lo più in pendenza lungo le pendici dei monti, come i castagneti e i boschi cedui di faggi e di querce; le case erano di pietra nuda con l'aia e i pagliai, le stalle, il porcile, il granaio.

(Campo in pendio, tipico delle campagne del luogo)

Paesani e contadini s'incontravano soprattutto nei giorni di mercato, nelle due Fiere e nelle Feste; per noi bambini quelli erano giorni particolari dove il paese si animava di colori, di voci, di attrazioni. Per la fiera "di set" e ancor di più per quella grande "de venciot" arrivavano le bancarelle piene di mercanzia e di giochi: esibivano stoffe, stoviglie (pentole e padelle) da cucina, oggetti disparati e utili per tutti i giorni, scarpe e cappelli, qualche vestito confezionato, cinture e bretelle, sementa di ortaggi e fiori. I giochi erano di legno o di latta, molto colorati, artigianali, con qualche rara novità che ci incuriosiva (ma poi non tanto). Io stavo delle ore ad osservare la "vita" del mercato delle "bestie": le mucche, le pecore, i maiali, gli uccelli e gli animali da cortile; mi affascinavano le contrattazioni, interrotte e poi riprese, dal mattino alla sera.

Un'altra occasione d'incontro fra paese e campagna erano le grandi ricorrenze religiose celebrate nel centro: le sontuose Processioni del Corpus Domini e della Pentecoste, quando dalle finestre pendevano tendaggi colorati mentre le strade erano coperte dai petali dei fiori più diversi, rose, tulipani, ginestre, biancospino, garofani, gelsomini... Nei giorni precedenti noi ragazzi facevamo a gara a raccoglierli nei prati e sui monti; io ero incantato dalla macchie gialle che dipingevano le ginestre selvatiche e dai loro fiori delicati.

Nel periodo natalizio andavamo a raccogliere il muschio per il presepe della Chiesa e per quelli delle nostre case: porto ancora dentro l'atmosfera magica dei luoghi ombrosi dove nasceva il muschio, il suo soffice contatto e l'aria tersa tutto intorno.

Per Pasqua poi portavamo nelle case i bastoncini del fuoco benedetto e il giorno di Sant' Antonio benedivano gli animali sul sagrato della Chiesa.

Sempre nei giorni delle Fiere e delle "Ricorrenze" a volte giungevano al paese le giostre, c'era solo la giostra "calcio in culo" alta e pericolosa che a noi ragazzi dava brividi di contentezza e di paura, ci sfidavamo a chi era più coraggioso e ci sfottevamo a vicenda; forse c'era anche qualche altro "divertimento" come il tiro a segno, la pesca di giocattoli con la canna, qualche spettacolino di "pagliacci". Poi venivano i cantastorie, soprattutto dalla Romagna, che nella piazza cantavano in versi fatti strani, spesso tragedie di gelosia e tradimenti, accaduti veramente in luoghi per noi misteriosi e assai lontani; raccontavano pettegolezzi e storie a doppio senso che facevano ridere gli adulti ma che per noi bambini erano incomprensibili e noiose; finito lo spettacolo, distribuivano foglietti colorati con il testo dei racconti in cambio di una o due lire che la gente metteva nella ciotola o nel cappello.
Erano queste novità assolute per noi bambini e ci facevano sognare.

Ma il gioco da noi forse preferito era quello dei pezzetti di legno che, di forme diverse per distinguerli, gettavamo nel canale al Molenzcatte per poi seguirli di corsa lungo il percorso nei tratti scoperti, al ponte di Visano, nel parco del Frè, in piazza del Crocifisso, al Ghetto, vicino al Campo Santo; vinceva il possessore del legno che arrivava per primo alla Casaza.

I canali a quel tempo erano importanti, collegavano i mulini e portavano l'acqua necessaria per macinare; scorrevano a tratti scoperti per poi passare invisibili sotto le case e le strade del paese.

Il tratto più famoso era quello del "crocifisso" dove andavano le donne a lavare i panni; c'erano le lastre di pietra a mo' di lavatoi e noi bambini, fra le grida e il cicaleccio, saltavamo da una sponda all'altra, a gara.

Ricordo quando in un giorno d'inverno mia sorella Romana, che mi seguiva sempre, volle fare il salto e cadde dentro il canale; grande fu il mio spavento e affannoso il recupero, ma più doloroso fu il tragitto per ritornare a casa, tutti e due bagnati come pulcini, per poi buscarne io di santa ragione da mia madre infuriata. Un altro fatto pericoloso accadde quando Valeria cadde in acqua e fu trascinata dalla corrente quasi sotto la casa dei Macchi e fu salvata per miracolo.

Per noi il paese era "eterno" ed immutabile: non si costruivano ancora altre case e non si aprivano nuove strade, che rimanevano sterrate e polverose. C'era qualche piccola impresa familiare di muratori, ma facevano solo piccoli lavori di manutenzione; ricordo la famiglia dei Pedè e forse quella dei Sciazon. La strada del passo della Sambuca era ancora una mulattiera: si parlava di farne una vera e propria via di comunicazione e forse negli ultimi tempi i lavori erano incominciati. Poche erano le automobili e i motori che circolavano nel paese: qualche macchina privata dei più ricchi, vespe e lambrette, ma soprattutto c'erano camion e camioncini per il trasporto e le corriere per il servizio passeggeri, ma non l'Autoambulanza.

Ricordi amico la raccolta dei marroni, la ricerca dei funghi
e dei tartufi e le altre cose che faceva la nostra gente con
noi ragazzi partecipi ed entusiasti? D'autunno i castagneti
risuonavano delle voci e dei richiami dei raccoglitori, i
proprietari ma anche molti paesani che, per antica usanza
e con discrezione, avevano il permesso di "garavellare".
La maggior parte del raccolto veniva venduta nell'apposito
mercato sotto le Logge al di là del ponte dai contadini e
dai fattori ai sensali che venivano da fuori; li mettevano in
grandi sacchi di tela che i facchini, fra cui mio padre,
caricavano sui camion o, lungo ripide scale, li portavano
nelle case dei ricchi del paese.

Ogni famiglia ne aveva fatta una provvista che consumava
durante l'inverno, bolliti (i baloc) o arrostiti (i brusè) nel
camino in padelle coi fori (i brusador); una parte veniva
messa "a bagne" in grandi conche e poi essiccata su teli
fuori dalla porta o nei cortili per conservarli al fresco nelle
soffitte e poi mangiarli o per tritarli in farina marrone (la
farena ed maron) con cui si faceva la polenta. Il profumo
dei baloc e dei brusè si diffondeva nell'aria, dentro le case,
per le strade e sui nostri giochi come una nuvola calda di
carezze e malinconia.

Quando spuntavano i funghi tutti andavamo speranzosi per
boschi a cercarli, c'erano gli esperti "fungaioli" che
sapevano "i posti" e li tenevano segreti; tornavano in
paese con i cesti colmi di porcini, prataioli, ovoli, che
vendevano ai ristoranti e alle botteghe e qualcuno ne
regalavano agli amici. Quando noi ragazzi trovavamo un
fungo o addirittura una fungaia ("boleda") urlavamo di
gioia, sentivamo una forte emozione e continuavamo a

vantarcene per giorni interi. Erano buoni i funghi fritti o in gratella, mangiati insieme agli uccellini o alla polenta.

La ricerca dei tartufi era cosa per pochi, dei vecchi "tartufai" grandi conoscitori dei luoghi; allevavano e addestravano con pazienza tutto l'anno cani speciali e ubbidienti che a me facevano tenerezza; ricordo con affetto e nostalgia mio zio Silmè (tartufaio) e poi mio zio Giocondo ("fungaiolo") e tanti altri ancora.

(Anselmo Bertozzi "zio Silmè" con il suo cane da tartufo)

(Zio Giocondo, uno dei ricercatori di funghi)

Partivano di notte con le lanterne e gli attrezzi per scavare; spesso il tartufo era molti centimetri sotto terra e solo il fiuto del cane poteva localizzarlo, poi bisognava scavare con perizia per estrarlo sano. C'era il tartufo nero, o marzaiolo, ma il più raro e pregiato era il bianco; erano palline porose di varia grandezza, le più grandi valevano di più, il loro sapore "unico" e il profumo delicato e pungente insieme ne facevano un alimento pregiato, raro, e assai costoso; si grattugiava con parsimonia sulla pasta, serviva come condimento per le tagliatelle ed altri "primi", raramente era cucinato come piatto unico.

Dell'importanza della caccia ho già parlato, era una riserva di cibo per tutti oltre che una passione; le battute alla lepre, ai fagiani e alle beccacce con i cani addestrati a fiutare e a inseguire la preda, i capanni di postazione per gli uccelli più piccoli, i grandi paretai per la cattura dei colombacci vivi.
Intorno ad essa ruotava un fiorente commercio, di fucili, di munizioni, di molti altri attrezzi e degli uccelli da richiamo: per tutto l'anno venivano addestrati e tenuti nelle gabbie dentro stanze buie (la bugadera) e spesso accecati per concentrarli solo sul canto e di essi si faceva commercio negli appositi mercati per vendere e comprare i più bravi e rari. C'erano poi le "Riserve" dei signori dove la selvaggina abbondava per la gioia e la vanità dei più abbienti, per i quali la caccia era solo uno sport o una moda.

Fervevano altre attività nel paese e nel comune.
C'erano molte brave sarte che lavoravano in casa; su commissione confezionavano vestiti su misura, dopo numerose e meticolose prove il cliente poteva sfoggiare abiti praticamente "eterni". Anche alcuni uomini facevano questo mestiere, fra cui Dino "di Pitle". Del resto tutte le donne di casa sapevano "di taglio e di cucito" per le esigenze domestiche: le riparazioni, le toppe nei vestiti, il "rivoltare" i cappotti e le gabbane da una parte ormai

logori, adattare le giacche e i pantaloni dei figli grandi per i piccoli.

C'erano poi bravissime ricamatrici che lavoravano anche d'uncinetto:decoravano   lenzuola,   federe,   coperte, fazzoletti, tovaglioli; facevano "centrini" ed altre splendide cose, in genere per il corredo delle novelle spose.

(Gruppo di frequentanti la scuola di sartoria di Quadalto, fine anni '20. Al centro in piedi la direttrice maestra Rita Ghezzi; penultima a destra in piedi mia madre)

Ricordo in proposito le mie zie ed altre parenti: zia Angiolina, zia Laurina, zia Augusta, mia madre e poi zia Gigina, le mie cugine Norma, Romana e le più giovani che stavano imparando, mia sorella, Elena...; c'erano delle vere e proprie scuole di ricamo e uncinetto dove le bambine e le ragazze imparavano i segreti del mestiere.

Conservo ancora qualche piccolo esemplare di quei lavori e spero che molti del paese abbiano in casa molti di quei "gioielli".

C'erano le "materassaie" che facevano a mano i materassi: cardavano la lana con appositi attrezzi fino a ridurla in fiocchi bianchi e soffici, poi la mettevano in resistenti stoffe che cucivano con grossi aghi (o punteruoli); li facevano su commissione e poi li consegnavano a domicilio nelle case.
Per me la materassaia per eccellenza era mia Zia Emilia, che lavorava tutto il giorno: la ricordo con grande affetto insieme a suo marito "e Che ", che non so cosa facesse ma che nel paese era un amato "personaggio".

Altra attività, legata alla mezzadria e agli animali, era quella dei "Norcini" che lavoravano il maiale. Andavano per le case dei contadini in campagna e in quelle dei padroni nelle strade del paese. Erano personaggi "eccentrici" ma di grande perizia: Ginori, Pio, che girava sempre con la "pòza squerta", del ponte di Visano, molti altri di cui ricordo solo i volti.

Il maiale veniva ammazzato nel macello comunale vicino al Cimitero: posto tremendo che ricordo con orrore e in cui venivano uccise tutte le bestie (mucche, vitelli, pecore, agnelli...). Posto sul grande tavolo della cucina, incominciava la "lavorazione" e poche erano le "parti" dell'animale che venivano consumate subito: il sangue con cui si faceva il migliaccio (e miaz), una parte delle interiora (la coradela) e i grasò (pezzettini di carne salatissimi che in parte erano conservati).

Tutto il resto veniva abilmente lavorato a mano per farne salumi insaccati e no da conservare: i prosciutti, le salcicce, i salami, la coppa, la mortadella. Il grasso (o strutto) veniva messo dentro le budella a formare delle grosse palle traslucide (el pitarol); dalla pelle, bollita in grossi pentoloni, si ricavava la setola che poi serviva per fare le spazzole ed i pennelli; le ossa erano utilizzate per i fare manici di coltelli, pettini, ed altri oggetti e utensili di uso giornaliero, insomma, come si dice, "del maiale non si butta via nulla".

A casa di mio nonno, quando facevano il maiale, era festa grande: io stavo tutto il giorno ad osservare estasiato il lavoro collettivo degli uomini e delle donne che, fra voci e imprecazioni, in mezzo al fumo delle pentole e al friggere di padelle e tegami, erano tutti indaffarati e svolgevano con precisione la loro mansione.
Verso sera, quando tutto era finito, i salumi e el pitarol venivano appesi alle travi di legno della soffitta e delle camere con robusti fili di spago e lì rimanevano al fresco e al buio per i mesi successivi, finché non "stagionavano".
Quando dormivo in casa di mio nonno queste sagome sospese creavano un'atmosfera di intimità e protezione, mi facevano anche "vedere" persone e paesaggi misteriosi.

Sempre da mio nonno, una volta all'anno, veniva Tonino, il mezzadro del podere delle "Fossa" con i figli grandi; portava polli, conigli, formaggi, uova, castagne e altri prodotti, la parte che spettava al "proprietario" e si faceva "bendiga"; mangiavamo tutti intorno al grande tavolo apparecchiato con la tovaglia e le stoviglie "buone", in un clima strano di "riverenza" e di "imbarazzo" che a me sembrava buffo e un po' triste.

Caro amico, voglio ricordare anche i momenti che noi bambini vivevamo in famiglia e nelle nostre case, simili ma unici per ciascuno. Io, come tanti di noi, ero di una famiglia molto povera: mio padre faceva il boscaiolo, faticava tanto e guadagnava poco, mia madre lavorava tutto il giorno in casa con noi figlioli e per i lavori domestici e faticava molto per risparmiare.

(La casa della mia infanzia)

La nostra casa era di due stanze, la cucina e una sola camera, non c'erano nè il gabinetto, nè il lavandino; il giorno andavamo a fare "i bisogni" in fondo all'orto in un capanno e la notte li facevamo in un grande "orinale", che svuotavamo la mattina; ci lavavamo con l'acqua fredda versata da un "orciolo" in una "catinella" oppure in cucina nel lavatoio dei piatti; il sabato ci lavavamo "interi" in un "bigoncio" di latta con l'acqua riscaldata sulla stufa a legna, d'inverno il freddo ci frustrava la pelle che diventava tutta rossa.

Dormivo in un lettino assieme a mia sorella nell'unica camera, io con la testa verso la parete e lei con la testa dalla parte opposta; accanto c'era il lettone di babbo e mamma con il mio fratellino in mezzo; non c'era molto spazio e meno ancora "intimità", ma dalla piccola finestra vedevo la mattina al risveglio il grande orto con gli alberi da frutto e fra i loro rami gli uccelli che cantavano, laggiù in fondo il fiume che scorreva.

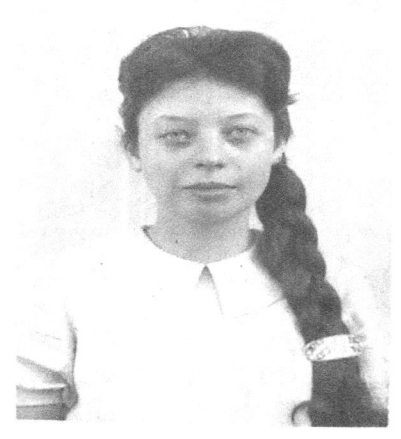

(Mia sorella Romana)   *(Mio fratello Giovanni)*

Di fronte alla nostra, al di là della piazzetta, c'era la "grande" casa di mio nonno con zio Bruno, zia Augusta e poi, più tardi, zia Laurina e zio Romeo tornati da Arezzo. Formavamo di fatto un'unica famiglia, per noi le due case erano "una sola". Tanti erano i vicini dall'una e dall'altra parte e la loro vita si "confondeva" con la nostra: a destra c'erano i Ghezzi con Suntina e Mario e la figlia Carla, i Menghetti con la levatrice Lidia e i figli Sara e Jacopo, poi i Macchi di Gigiot e Maria con il figlio Lorenzo, in seguito Giuseppina con Sandro e Danilo, la Maestra Ghezzi con i figli Laura e Carlo, Nello con la famiglia tra cui l'amico Manlio. A sinistra abitava Pitte con la moglie Lidia e la figlia Otelia.

Nella viuzza (via Fiume) c'erano Chicco e l'Annina in fondo. Poi nell'androne con il cancello la Squizatta coi figli "Capinera" e Giovanni, in seguito mia zia Gigina e zio Silmè con Ivano e Nello, i Cec con i figli Trieste, Flora, Agnese, Maria e, ancora, Rino "Mat" che camminava tutto il giorno a passi svelti parlando con sé stesso e buttava la roba dalla finestra. Per me questo rettangolo di case che andava dalla via principale sino al fiume era il primo nucleo del mio piccolo mondo, dove giocavo con mia sorella, con Otelia, con pochi altri bambini, quasi tutti villeggianti; si stava nella piazzetta interna, sotto l'umido e semibuio " porgat" e nel grande orto in cui sfociava.

Ma il vero mondo degli amici era al di là di questa nicchia, dove io sconfinavo quasi sempre di nascosto, ignorando i divieti e sfidando le ire di mia madre; ricorrente era la scusa di andare a comprare il pane nella via di mezzo da Gigiò nel primo pomeriggio per poi rimanere fuori con gli amici, andare nei boschi o al fiume, per poi tornare verso

sera con la paura delle "botte" di mia madre per quelle
ore di "libertà" rubata.

Mia madre era una donna di carattere forte e generosa,
tenera e intelligente; già il nome, ORMISDE, ne faceva nel
paese un "personaggio", una figura "diversa".

(Mia madre prima di sposarsi)

In gioventù, come tante ragazze allora, era stata "a servizio" in famiglie ricche di città, dove aveva conosciuto un mondo nuovo, più aperto, più moderno, più colto. In particolare aveva vissuto tanti anni con una cugina cantante lirica, Linda Ruggeri, con cui aveva frequentato il Teatro della Pergola a Firenze ed altri Teatri italiani entrando in contatto con ambienti artistici e culturali, molto diversi dalla "mentalità del paese" in cui, caso raro, aveva studiato sino alla ottava elementare.

(Linda Ruggeri, cantante lirica, cugina di mia madre)

Tornata al paese in età "matura", viveva quella realtà quasi dall'esterno con un misto, credo, di dolorosi "compromessi" e di indipendenza che spesso non era accettata dagli altri, che tuttavia l'ammiravano e la rispettavano per una sorta di "inconscia comprensione", ma forse anche per una situazione comune di "disagio" e di inconsapevole desiderio di cambiamento della loro stessa vita.

Per me, suo figlio, è stata sempre il faro che indica la rotta, il porto che accoglie, la medicina che non piace, il balsamo che cura le ferite, il cuore che pulsa dentro un altro cuore.

E' lei che fin da piccolo mi ha istillato il gusto del "bello" e dello studio: passavamo ore alla tavola in cucina a leggere il "sussidiario", a sfogliare un vecchio libro illustrato di favole e di storie antiche; quando dovevo fare i "temi" mi parlava a lungo dell'argomento poi mi indicava gli errori di grammatica e di sintassi con "noncuranza".
Il "piatto forte" erano la storia e le "scienze chimiche e botaniche", spesso mi parlava con passione delle Opere di Verdi, di Puccini , di Mascagni. Del resto, quella per la lirica, era una passione comune di mio nonno e dei miei zii Bruno e Renato, che mi facevano ascoltare le "arie" dalla vecchia radio e dalla galena che loro stessi avevano costruito negli anni "trenta". Le nostre "lacune" erano l'aritmetica, il disegno e la calligrafia: scrivevamo tutti due "a zampa di gallina" con le lettere piegate a sinistra, una cosa che mi sono portato dietro per la vita e che ai tempi della scuola era oggetto di scherno da parte dei compagni che mi prendevano ferocemente in giro.

(Libri della mia infanzia che leggevo con mia madre)

L'amore di mia madre per noi figli abbracciava anche i nostri amici: la casa era spesso piena di bambini, figli di vicini e di parenti che giocavano con noi e con i quali condividevamo quel poco che c'era per merenda. In qualche occasione ospitava, per periodi, le mie cuginette (Maria, Marina, Angela), figlie di zia Dora e Gianino che abitavano alle Sassete e che erano ancor più poveri di noi. Sentivo in questi gesti una spontaneità semplice e naturale, una solidarietà sincera che mi dava serenità e tanta allegria: le nostre due povere stanzette e la piazzetta diventavano per me una città, un anfiteatro.

La miseria di quei tempi mia madre sapeva trasformarla in povertà "dignitosa", dove non mancava mai il necessario: i pochi soldi che entravano in casa li spendeva con intelligenza. Anche la pratica di allora, di per sé umiliante, di comprare "a credito" era da lei vissuta con grande dignità e correttezza, senza vittimismo sterile e servile, ma certo, credo, con tanta sofferenza interiore. Il libriccino a quadretti con la copertina nera in cui si segnavano i debiti con i commercianti (soprattutto gli "alimentari") lo teneva sempre in ordine e appena poteva saldava Michel, Saro e gli altri che si fidavano di lei e non sollecitavano il pagamento.

Viveva la povertà ma non subiva le "ingiustizie" e la prepotenza. Ricordo che in più occasioni non esitò a sfidare le autorità del paese; la volta che non ci assegnarono la casa popolare, che pur ci spettava "per diritto", scrisse una poesia ironica e indignata che affisse negli uffici del Comune.

Per ragioni oggettive o forse per una maggiore affinità e "vicinanza" io ero più legato ai parenti materni piuttosto che a quelli di mio padre, in particolare a nonno Amerigo, zio Bruno, zia Augusta, zia Gigina, mio cugino Ivano , zia Laurina e zio Romeo (tornati più tardi), zio Giocondo e i cugini Amerigo e Silvano (Nanò), zio Renato e i suoi dieci figli che erano però molto più grandi di me, zio Ambrogio e i cugini Franco e Mauro di Firenze che vedevo quando mi portavano in città, zia Angiolina che stava a Santa Lucia con suo cugino prete Don Lodovico, dove faceva la "perpetua", era lontana ma sempre "presente" nella famiglia.

I ricordi più lontani sono della vecchia casa in piazza del Crocifisso dove abitavano mio nonno, zio Bruno e zia Augusta con la falegnameria a piano terra e la stanza di dietro (in Vicolo dei Berti) dove tenevano le macchine da mietere e battere il grano; era per me una casa "magica"dove spesso stavo per giorni, coccolato da zia Augusta e affascinato dalle attività che vi si svolgevano e i personaggi che la frequentavano.

Famiglia d'Origine di mia madre (da sinistra in piedi: zio Ambrogio, zia Gigina, zio Renato, zio Bruno, zia Laurina; a sedere da sinistra: mia madre Ormisde, zia Angiolina, nonno Amerigo Donatini, nonna Romana Ruggeri, zia Augusta; in primo piano zio Giocondo)

(Mio nonno Amerigo)   *(Mia nonna Romana)*

(Mia Madre, la seconda da sinistra, con le sorelle e mio cugino Ivano)

(Zia Angiolina ed Augusta da giovani)

Fra i tanti ricordi che ho di quella casa e della zona del Crocifisso spicca quello di quando nacque mia sorella Romana: ho ancora nitida nella mente l'immagine di mia madre sul letto con un seno scoperto che aveva un'enorme ferita, dopo l'operazione per una mastite fatta "in casa" dal vecchio dottor Macchi. Io ne fui molto impressionato e dissi "che bugon i ta fat mama!", accanto a lei un esserino "indemoniato" che urlava a squarciagola.

Vicino alla casa, nella piazza del Crocifisso e nella viuzza in salita sul retro giocavo con nuovi amici: Cuccurito, Stinchi, Mirella, Viviana, Cinciarè... Quando quella casa, in circostanze dolorose e per me velate di mistero, fu venduta io ne fui molto addolorato: era per me un nido e un "rifugio" sicuro. Mio nonno e miei zii si trasferirono nella casa grande di via Fiume, in cui, fino ad allora, aveva abitato la mia famiglia; noi andammo nella casetta di fronte, nel "Graner" di due stanze con sotto la stalla dove si teneva la legna e la "bugadera", una stanza buia dove mio nonno teneva gli uccelli da richiamo dentro le gabbie.

Il mio zio preferito era Bruno, falegname e autodidatta che sapeva tante cose; aveva combattuto sul Monte Grappa durante la "Grande Guerra" dove aveva perso un occhio ed era stato ferito in tutto il corpo. Il suo occhio di vetro non gli impediva di leggere tanto, era informato di tutto.
Assieme a mia madre è stato il mio grande "Maestro" nei primi anni della vita. Mi recitava a memoria canti interi della Divina Commedia e di altri Poemi, mi raccontava la storia dei nostri territori, di Maghinardo Pagani, degli

Ubaldini, delle battaglie fra la Repubblica Fiorentina e i vari "Signorotti romagnoli".

Mi parlava di meccanica e delle invenzioni moderne, di Meucci, di Marconi, del telegrafo, della radio che lui stesso con suo fratello Renato si era costruito, mi spiegava il funzionamento dei motori a scoppio e di quella volta che aveva assemblato, sempre con Renato, una moto con cui erano andati anche a Bologna. Anche per lui la musica e la lirica erano una passione, citava a memoria i libretti delle Opere più famose, ma non mi parlava mai della guerra che aveva combattuto: bastava il suo occhio di vetro ad esprimere il dolore e l'orrore per ogni violenza.

(Zio Bruno militare durante la Grande Guerra)

Mio padre era un uomo semplice, analfabeta, grande lavoratore nei boschi a tagliar legna, sui monti a fare e a sorvegliare le carbonaie, nel mercato a trasportare i sacchi di marroni, sui camion a caricare il legname e le castagne. Era timido e introverso, parlava poco ma tutti lo rispettavano per la sua integra onestà. I sentimenti che si portava dentro a volte esplodevano in azioni "violente" o in ingenue manifestazioni di affetto e di solidarietà.

(Mio padre Gino da ragazzo e mio padre al lavoro)

Ricordo quando ad un Mediatore, che gli consigliava di farsi rispettare anche con la forza, gli dette un cazzotto senza dire una parola: non lo pagava da un anno. Spesso mia madre mi mandava a cercarlo nelle osterie dove beveva e giocava a carte con gli amici.

Le sbornie di mio padre passavano per tre stadi: nel primo diventava allegro, scherzava con gli altri, non si "riconosceva" più per quello che era tutti i giorni, nel secondo era arrabbiato e a volte "violento", nel terzo diventava triste, piangeva, era un po' patetico; io attendevo con impazienza e desiderio quest'ultima fase perché mi prendeva in collo e a mo' di scusa mi dava quelle carezze che invano aspettavo gli altri giorni quando non mi rivolgeva neanche una parola. A volte le sue sbronze non gli facevano trovare l'uscio di casa, lo trovavamo allora la mattina nel pollaio insieme alle galline.

I miei ricordi di bambino sono di un padre sostanzialmente "assente", ma improvvisamente presente nelle circostanze difficili, come la notte che nacque mio fratello e quando si trattava di aiutare i compagni di lavoro e gli amici in qualche difficoltà.

Con i parenti da parte di mio padre avevo rapporti meno frequenti e stretti, sia per la lontananza che per "mentalità". Ricordo tuttavia, con affetto e nostalgia, i nonni, i tanti zii e i numerosi cugini: zia Emilia, zio Nandino, zio Pasquale, zio Tonino, zia Dora, zio Domenico e zia Albina di Firenze, poi i cugini Ivo, Carla, Graziella, Lucia, Giovanna, Guglielmina, Chiarina, Giuliana, Anna, Vanda, Paolo, Maria, Angela, Marina, Flora, Enzo, Daniela,

Ivana. Le immagini più nitide sono di zio Nandino che con il suo camion faceva da "procaccia" fra il paese e Firenze e i "centri" della Romagna: "erede" degli antichi vetturini della "posta" trainata dai cavalli.

(Mia nonna paterna Lucia Ridolfi Fabbri)

Ricordo nonno Agostino (Baroz) e nonna Lucia che abitavano a Belgre'et zora con zio Menghè; mi è rimasto impresso nella mente il matrimonio di Menghè con zia Gina del Pian delle Mulina e le sue carezze a me piccolo bambino intimidito.

A volte andavo con mio padre alle Sassete, il podere che lavoravano zia Dora e zio Gianino: attraversavamo i castagneti di Calcinaia e poi, più in su, ripidi e sassosi sentieri fra i boschi spesso innevati, con l'aria pungente che ci avvolgeva, il soffice tappeto di neve che "violavamo", il silenzio magico ritmato da qualche riccio che cadeva. Erano quelli per me momenti speciali in cui camminavo insieme a mio padre nel suo ambiente naturale e lo "sentivo".

Quando mi portavano a Firenze incontravo a volte zia Albina che lavorava alla T.E.T.I. e i suoi figli Flora e Enzo; erano incontri fugaci ma che in me accendevano emozioni nuove. Vedevo spesso zia Miliena mentre faceva i "materas ed lana", zio Pasquale lo ricordo col suo cane e quando lavorava alla "Fanfani", di zio Tonè ho un ricordo vago insieme alla moglie, "la bersagliera".

Ricordo invece il doloroso stupore di quando morì Rinaldo, marito di Ciarina, lasciando i quattro piccoli figli Mauro, Paolo, Emiliana e Franco.

Della famiglia di mio padre, di quando erano contadini a Visano e poi ai Cignè e infine nelle campagne di Gubbio durante il Fascismo, ricordo rari e suggestivi racconti che lui mi faceva ogni tanto. Curioso è l'episodio che mia madre, più grande di lui di undici anni, raccontava di come, durante il terremoto del '19, lo sentiva piangere, da poco nato, al piano di sotto dove i suoi erano sfollati e che lei non conosceva.

Scusami amico per questa lunga "lista" di fatti e di persone, forse mi sono fatto un po' prendere la mano dai tanti ricordi ma moltissime altre ancora sono le persone e i fatti che potrei qui rammentare: gli uomini e le donne che incrociarono le nostre vite di bambini poveri, liberi e sognatori e in qualche modo le "segnarono". Faccio fatica, amico, a proseguire nel ricordo di questi volti lontani, tante sono le emozioni che mi assalgono e dai miei occhi scende un pianto dolce e amaro come dolci e amari erano i nostri giorni allora. Ma non posso dimenticare i nostri amici più grandi che erano presenti nei nostri giochi e nella nostra vita, anche se un po' "distanti" per l'età che ce li faceva sentire a volte prepotenti e a volte solidali: Lorenzo Macchi con le sue "stranezze" che ci affascinavano e intimorivano, Motorè con le sue famose sbornie, Valle con le sue "intemperanze" e la sua esuberanza e poi Cecon, Clemente, Cincerino, Taghia, Bussolotti, Capinera, Cuccurito, Macarò, e Barò, Patecco, Moro e molti, tanti altri ancora.

E il tempo passava, anche noi diventavamo un po' più grandi e con il finire delle elementari si apriva per noi il futuro; per alcuni incerto e per altri meno, ma per tutti comunque un mondo diverso.
Presagivamo confusamente un cambiamento radicale di cui vedevamo segni premonitori in tante piccole e grandi cose che vivevamo ogni giorno. Qualcuno era già andato via, gli altri sapevano di dover partire oppure restare.
Cambiava lentamente quell'atmosfera fatta di suoni, di odori, di impressioni, di luoghi, di persone, di emozioni: il profumo del latte la mattina ancora tiepido e tanta panna, portato direttamente dalle stalle nelle case con i contenitori di stagno e i diversi misurini. Il sapore e le

bucce dei lupini venduti la domenica vicino al ponte da Adriano e gli altri di "Vignel". I nostri giochi nel canale del "Crocifisso", dove le donne lavavano i panni ed era tutto un allegro e chiassoso chiacchierare. Il muschio soffice dei castagneti e la sua fragranza.

E arrivò l'anno cinquantaquattro, l'anno del passaggio e del mutamento: per noi fu un anno lungo e insieme breve, segnato da paure, speranze, "fatti strani" che sfuggivano alla nostra comprensione. La realtà stava dissolvendo i sogni, l'aria antica vestita d'innocenza lasciava il posto ad un soffiar di venti nuovi, imprevedibili, sconosciuti. Finiva il tempo semplice e colorato, giungeva il tempo più reale, fatto di scelte o di "rassegnazione", un mare aperto in cui navigare con le nostre forze per approdare in qualche isola o in qualche altro mare.

Fu in un giorno d'ottobre, piovigginoso, che lasciai il paese per andare a Firenze in Seminario a "farmi prete". Mi accompagnavano mio padre e zio Nandino con la sua "balilla nera", un bauletto di legno grezzo con le mie poche cose e un misto di tristezza e di speranza nel cuore. Quando varcai il cancello di "Montughi" stringendo la mano callosa di mio padre boscaiolo, sentii sfumare dolcemente i nostri giorni vissuti insieme e ritirarsi in un cantuccio del mio cuore.

(Seminario minore di Montughi: foto di gruppo anno scolastico 1956)

Voi rimaneste nel paese a studiare la "Sesta", la "Settima" e l' "Ottava" con il maestro Cecco Costa e intanto incominciavate a lavorare con i vostri genitori o conoscenti nei mestieri di sempre: muratore, calzolaio, imbianchino, nella casa a cucire o a ricamare, altri nei boschi e nei campi a faticare. Le nostre vite continuarono a dipanarsi fra gioie e dolori ma in modi diversi, vagamente intuiti da me i vostri e da voi, forse, i miei.

Amico, questa parte di ricordi ed emozioni è finita, ma tu, tutti gli amici e la gente del paese avete continuato a vivere in me, nei miei pensieri, nella fantasia, nei sentimenti; vi ho seguito negli anni mentre percorrevo la mia vita, a volte le nostre strade si sono ancora incrociate, spesso hanno proceduto parallele nel cuore e nel pensiero. Questa seconda "aria" meno antica ed innocente io un giorno proverò a cantare con la stessa passione, sperando di non farti troppo annoiare.

Postfazione

Questo "Canto del paese" è nato quasi per caso, per una specie di scommessa con il mio amico Angelo Poli a cui avevo fatto leggere, nel corso degli anni, qualche mia poesia sulla nostra infanzia e che mi sollecitò a scriverne altre dello stesso tenore.

La mia promessa ho tardato ad onorarla per tanto tempo: il ritmo iniziale rapido e brioso si è piano piano affievolito, lasciando il posto a una moltitudine di ricordi e di emozioni che a stento riuscivo a fissare sulla carta.

Il risultato è questo racconto con integrazione fotografica in cui ho raccolto e fissato i ricordi, le emozioni e le sensazioni infantili così come si sono conservate e sedimentate nella mia mente e nel mio cuore e come sono fluite mentre scrivevo.

Lo dedico, oltreché al carissimo amico Angelo, a tutti gli amici della mia infanzia e a tutte le persone di Palazzuolo sul Senio che forse in esso potranno ritrovare e riconoscere anche parte della loro vita.

Le parole in dialetto le ho scritte così come me le ricordo oralmente e non so quindi se sono graficamente corrette.